Ordenanças para remedio de los daños, e inconuenientes, que se siguen de los descaminos, y arribadas maliciosas de los nauios, que nauegan a las Indias Occidentales.

Spain.

ORDENANÇAS PARA REMEDIO DE

los daños, e inconuenientes, que se siguen de los descaminos, y arribadas maliciosas de los nauios que nauegan a las Indias Ocidentales.

CON LICENCIA

En Madrid, por la viuda de Alonso Martin.

Año de 1619.

ON FELIPE POR la gracia de Dios, Rey de Castilla, de Leon, de Aragon, de las dos Sicilias, de Ierusalen, de Portugal, de Nauarra, de Granada, de Toledo, de Valencia, de Galizia, de Mallorca, de Seuilla, de Cerdeña, de Cordoua, de Corcega, de Murcia, de Iaen, de los Algarues, de Algezira, de Gibraltar, de las Islas de Canaria, de las Indias Orientales, y Ocidentales, Islas, y Tierrafirme del mar Oceano, Archiduque de Austria, Duque de Borgoña, de Brabante, y Milan, Conde de Abspurg, de Flandes, y de Tyrol, y de Barcelona, señor de Vizcaya, y de Molina, &c. Por quanto por cedulas, prouisiones, y ordenanças, dadas, hechas, y proueydas por el Emperador y Rey mi señor, que està en gloria, y por mi: y vltimamẽte, por las que mandè hazer el año passado de mil y quinientos y ochenta y dos en la ciudad de Lisboa de mi Reyno de Portugal, està dada la orden que se ha de tener en el despacho de las flotas, que cada vn año han de yr a las prouincias de la Nueua España, y Tierrafirme, cuyo intento, y el que siempre se ha tenido desde que las Indias se descubrieron, y se introduxo el comercio destos Reynos con ellas ha sido, y es que vayan juntos en conserua de flota todos los nauios del trato, y mercancia, y ampararlos con General, y Almirante, y naos de armada, que los lleuen, y traygan con entera seguridad. Y porque sin embargo de lo que por las dichas ordenanças, y cedulas està proueydo se ha visto, y vee el grande excesso que ha auido, y ay en salir nauios sueltos destos Reynos para las dichas Indias, y venir otros dellas, sin orden ni registro, y otros que lleuando lo vno, y lo otro se derrotan, y dexando su derecha nauegacion arriban maliciosamente a los puertos y partes que quieren, y les conuiene, contrauiniendo a lo que tan justa y necessariamente se dispone en las dichas ordenanças y cedulas, fingiendo para conseguir *ſus intentos, que por tiempos contrarios, o por otros ſuceſſos les fue forçoſo aportar a los puertos, para donde ſe derrotaron, de que reſultan grandes inconuenientes, aſsi porque eſtos nauios que van ſolos, y por la mayor parte, ſin Pilotos, y Maeſtres examinados, y ſin el artilleria que manda la ordenança, es el principal ceuo de los coſſarios: los quales con lo que roban dellos tan a ſu ſaluo, por lleuar tan poca defenſa (de mas de la reputacion que ſe pierde) toman oſadia, y fuerças para mayores inuaſiones, como porque los que eſcapan deſte inconueniente, y daño, y llegan a los puertos de las dichas Indias, los baſtecen, y proueen de las mercaderias, y baſtimentos neceſſarios, de donde reſulta la dilacion, que continuamente ay en la ſalida de las dichas flotas, ſin poderſe guardar orden, ni continuarſe a ſus tiempos, en grande daño del comercio vniuerſal, y de mi patrimonio, y rentas Reales: porque como lo que ſe lleua en los dichos nauios, ſe puede dar a precios mas comodos, que lo que va en las flotas, aſsi por los derechos que vſurpan, y no pagar auerias, como por las coſtas que ſe eſcuſan de la artilleria, miniſtros, y gente, que deuen lleuar, conforme a las dichas ordenanças, ſe proueen de aquello, y quando las dichas flotas llegan, no tienen la buena, y breue ſalida que conuiene, las mercaderias que van en ellas. Y auiendoſe mirado, y platicado muy atentamente en mi Real Conſejo de las Indias, como lo requiere coſa de tan vniuerſal, y grande importancia, y comunicado con perſonas de mucha eſperiencia, e inteligencia, y parecido que conuiene proueer en todo mayor remedio que el paſſado, he tenido por bien de mandar hazer ſobre ello las Ordenanças ſiguientes.*

RIMERAMENTE, que por quanto las ordenanças de la dicha caſa de la Cõtrataciõ, y del conſulado de la ciudad de Seuilla eſtá proueydo, y ordenado, como queda dicho, que todos los nauios que fueren deſtos Reynos a las Indias, y Islas Ocidentales, y los que dellas boluieren a ellos, vayan, y bueluan en conſerua de flotas, para que lo que cerca deſto eſtá proueydo y diſpueſto ſe guarde mas preciſa, e inuiolablemẽte, Quiero, ordeno, y mando, que de aqui adelante no pueda yr, ni vaya a las dichas Indias, e Islas, ni venir dellas a eſtos Reynos ningun nauio ſuelto que lleue mercaderias, ni otra coſa, ni carga, de ningun genero, ni calidad que ſea, ni para venderlo en aquellas partes, ni para otro ningun efeto, ni para que ſe trayga de allà oro, plata, perlas, ni otras mercaderias, ni coſa de ningun genero, ni calidad, con regiſtro, ni ſin el, ſino fuere con licencia mia, con eſpreſſa, y eſpecial reuocacion deſta ley, y ordenança, ſo pena de que el nauio, o nauios que fueren, o vinieren ſin las dichas flotas, o ſin la dicha licencia en la forma ſobredicha ſe tomen por perdidos, con todo lo que en ellos ſe lleuare, y traxere en qualquiera de los puertos deſtos Reynos, o de las dichas Indias, e Islas, donde aportaren de yda, o buelta, y los Maeſtres, y Pilotos de los dichos nauios incurran en perdimiento de todos ſus bienes: y mando que los nauios que en virtud deſta ordenança ſe condenaren por perdidos, y la artilleria, armas, y municiones que en ellos ſe hallaren, ſe aplique, e yo deſde luego los aplico, y tengo por aplicados para prouiſion de mis armadas, y que la demas hazienda ſe reparta por tercias partes, mi Camara, juez, y denunciador, con que no auiendo denunciador ſean las dos partes para el juez, que hiziere, y condenare el deſcamino: demas de lo qual los dichos Maeſtres, y Pilotos ſean condenados en diez años de galeras al remo, y priuacion perpetua de ſus oficios, para que de alli adelante no los

1 *Que ningun nauio pueda nauegar la carrera de Indias, ſino fuere en flota.*

puedan vsar, ni exercer, so pena de la vida. Y porque en el cumplimiento de lo contenido en esta ordenança consiste toda la importancia, bien, y seguridad de las dichas armadas, y del comercio vniuersal, y la extirpacion de los dichos cosarios. Mando assi mismo, que las penas arriba referidas, las executen qualesquier mis juezes, y justicias de las dichas Indias, e Islas, y destos Reynos a cuya noticia primero llegare el quebrantamiento de lo contenido en esta ordenança, y de todas las que se siguen, sin que ninguno dellos sea osado a alterar, ni dispensar en las dichas penas, ni arbitrar cerca dellas, en todo, ni en parte, so pena de priuacion perpetua de todo oficio publico, y perdimiento de la mitad de sus bienes aplicados en la forma sobredicha.

Y AVNQVE conforme a la orden que esta dada, y se ha guardado, y guarda hasta agora, y a la que es mi voluntad se guarde de aqui adelante, todos los nauios que huuieren de yr a las Indias, con cargazon de mercaderias, bastimentos, y otras qualesquier cosas que se ayan de vender, y contratar en ellas, han de salir de los puertos de Sanlucar de Barrameda, o Cadiz, o de las dichas Islas de Canaria, conforme a sus permissiones, en conserua de las dichas flotas, y no de otra parte, ni puerto destos Reynos, y con la licencia, orden y registro que se dispone en las dichas ordenanças: pero porque no todos los nauios van de derecha descarga para los puertos de la Veracruz, Cartagena, y Nombre de Dios, donde van a parar las dichas flotas: y assi necessariamente se han de apartan algunos dellos de su conserua, especialmente los que van a las Islas de Barlouento, Santa Marta, Rio de la Hacha, Veneçuela, la Margarita, Yucatan, Honduras, y demas puertos de las Indias, y los que van a cargar de esclauos a Guinea, Cabouerde, Santome, y otras partes: lo

qual,

qual, y el yr sin cabeça desde que se apartan, ha sido, y es causa de que ayan dexado, y dexen los viajes que lleuauan, y que se ayã ydo, y vayan a otras partes, fingiẽdo auerse derrotado por tormenta, o miedo de enemigos, o por otras causas. Y que con estas, y otras traças, cautelas, y medios indeuidos descargan, y venden todas las mercaderias que lleuan, y dexan sin ellas, y con grande necessidad las partes para donde las cargaron, y auian de lleuar: de que la experiencia ha mostrado, y muestra los intolerables daños que han resultado y resultan; desseando, como desseo, que cessen todos, y hazer para esto las justas, y necessarias prouisiones que conuengan ordeno, y mando, que de aqui adelante los nauios que huuieren de yr a las Islas Españolas, Sanjuan de puerto rico, Cuba, Iamayca, y prouincias de Honduras, y Yucatan, salgan en conserua de la flota de Nueua España: y que auiendo descargado sus mercaderias, y adereçado sus nauios, y despachadose en los puertos para donde fueren, se bueluan derechos a esperar la dicha flota al puerto de la Hauana, para venir en su compañia, y que con la flota de Tierra firme salgan los nauios que fueren a la Isla de la Margarita, Rio de la Hacha, Veneçuela, y Santamarta: y que auiendose despachado, bueluan al puerto de Cartagena, para juntarse alli con la flota, quando boluiere de Nombre de Dios: porque aunque los dichos nauios podrian venir mas presto, y desembocar por el cabo de Sãnicolas, seria con mucho riesgo, y peligro de cossarios. Y assi es mi voluntad, que solos los nauios que boluieren de Sanjuan de puerto Rico, vengan sin flota, por estar mas a barlouento, y desembocados, y que todos los demas vayan y bueluan por la orden referida, sin que los que conforme a ella han de yr con la flota de Nueua España, por ninguna manera vayan, ni bueluan con la de Tierrafirme: ni por el contrario los que ouieren de yr con la de Tierrafirme, vayan, ni bueluan con la de la Nueua España, y que sigan las dichas flotas, sin desuiarse dellas hasta los parages donde conuiene apartarse para su mejor y mas segura nauegacion. En esta forma, que los nauios que fueren para Sanjuan de Puertorico, ayan de yr, y vayan con la dicha flota de Nueua España, hasta la Dominica, para que desde alli vayan a salir por el passaje, y los de Santodomingo, hasta el mismo puerto, ò el de Ocoa, ò sobre la Saona, para que puedan yr, y vayan costeando: y que los que fueren para Yucatan, y Honduras, se ayan de apartar de la dicha flota sobre la Isla de Pinos, ò Cabo de san Anton, y los de Santiago de Cuba, y Iamayca, quando llegaren a aquellos parages, ò sobre el Cabo de Tiburon, y los de la Habana, ayan de yr con la dicha flota, hasta el Cabo de san Anton: porque si fuessen por la Canal Vieja, se aurian de apartar della en la Dominica, ò Cabo Rojo, y correrian mucho riesgo de cossarios, y de baxios, no siendo los Pilotos muy diestros: y que los nauios que fueren para la Isla de la Margarita, Rio de la Hacha, y Veneçuela, ayan de yr, y vayan con las flotas de Tierrafirme, hasta la Dominica, por auer de yr mas a barlouento, que las dichas flotas, y que los que fueren a Santamarta, ayan de yr y vayan con ellas hasta el mismo puerto. Y que en lo que toca a los nauios que fueren a cargar de esclauos, ayan de seguir y sigan a las flotas, en cuya conserua salieren hasta las Islas de Canaria: de tal manera, que los vnos, ni los otros no se puedan apartar de las dichas flotas en otra ninguna parte, sino fuere en las sobredichas, y alli con licencia de los Generales de las dichas flotas; los quales no se las puedan dar, sino fuere con parecer del Almirante, y Pilotos mayores de la nao Capitana, y Almiranta, y con las dichas licencias, y no sin ellas, vayan derechos a los puertos para donde lleuaren sus cargazones y registros, para que luego que sean llegados presenten las dichas licencias, y registros ante los oficiales de mi Real Hazienda de los dichos puertos: a los a los quales mando hagan las diligencias que son a su cargo, y que si hallaren que por auer llegado los dichos nauios, sin los dichos despachos, ó qualquier dellos, ò por otra alguna causa se huuieren derrotado, en tal caso aueriguando auer sido la arribada de los dichos nauios forçosa, e inescusable por tormenta, ò enemigos, ó otra precisa ocasion los tornen a auiar para la parte donde fueren, sin consentir, que descarguen cosa alguna, haziendo que los nauios se aderecen, y aparejen para esto de lo que tuuieren necessidad, a costa de los dueños, y sus haziendas: y si arribaren tan malparados, que no se puedan adereçar, den orden como toda la hazienda que se lleuare en ellos, se saque luego de los dichos nauios, y se meta por su registro, cuenta, y costa en vna casa, y en ella se tenga a buen recaudo, para que con la breuedad possible se flete el nauio, ò nauios que fueren menester a cuenta de los dueños de los dichos nauios arribados, ò de las haziendas que en ellos se ouiere lleuado, y los hagan yr a las partes para donde lleuaren los dichos registros, conforme a lo dispuesto, y ordenado por las cedulas generales, que cerca desto se han despachado, que he mandado imprimir, para que anden juntamente con estas ordenanças, sin que ninguno sea osado a exceder de lo en ellas, y en estas ordenanças contenido, so pena de priuacion de sus oficios, y de quedar inhabiles para poder tener otros de mi seruicio en ningun tiempo, y de perdimiento de la mitad de sus haziendas aplicadas como dicho es. Y si los dichos mis oficiales aueriguaren que los maestres ouieren arribado maliciosamente, ò sin ocasion precisa, ò apartandose de las dichas flotas, sin la dicha licencia, acudan a las justicias de los dichos puertos, para que condenen por perdidos los dichos nauios, y mercaderias que lleuaren en ellos, aplicado en la forma sobredicha, y a los culpados en diez años de galeras al remo si fueren hombres baxos: y si de otra calidad, conforme a la que cada vno tuuiere, en la qual dicha pena los tenga por condenados, por el mismo caso que en qualquiera de los sobredichos se contrauenga a lo que cerca dellos proueo, mando, y ordeno.

3 ...e sean barcos ...ngos que no pas de 25. pipas que huuieren yr, y venir de ...iso.

Assi para que lo contenido en estas ordenanças tenga mejor, y mas cumplido efecto, como le tendrà, quitando todas las ocasiones, con cuyo color se han despachado hasta aqui algunos nauios sueltos antes, ò despues de las dichas flotas, como por auer considerado el grande y manifiesto peligro que traen de caer en manos de cossarios los nauios de auiso, que despachan los Generales de las flotas desde las Indias. los quales so color de que los pueden, y deuen embiar, conforme a sus ordenes, e instruciones, dan licencia para que vengan con los dichos auisos, nauios crecidos, y cargados de oro, plata, y otras mercaderias, y cosas de gran valor, proponiendo (por el interesse que desto se les sigue, y reciben) los inconuenientes, y perdidas que de hazerlo assi han resultado, y se veen cada dia, con grande daño de los naturales destos Reynos, para que cesse todo. Ordeno y mando, que de aqui adelante no se puedan despachar con semejantes auisos, nauios sueltos de ningun porte, assi destos Reynos para las Indias, como desde ellas para los mismos, sino que quando conuiniere (como algunas vezes conuendrà) embiar los dichos auisos, se ayan de embiar y embien tan solamēte con barcos luengos otorgados, que no passen de veynte y cinco pipas de carga. Y para que esto no se pueda dexar de cumplir en todas partes, assi en estas donde ay, y puede auer copia de los dichos barcos, como en las dichas Indias, donde podrà ser que no aya la misma. Ordeno, proueo, y mando, que cada vna de las flotas que ouieren de yr de aqui adelante a las dichas partes aya de lleuar, y lleue por lo menos tres, ò quatro de los dichos barcos luengos, para que con ellos mismos, y no con otros nauios se embien los despachos, recaudos y auisos ordinarios,

rios, y todos los que se ouieren de embiar de qualquier calidad, e importancia que sean: y para que assi mismo se aya de embiar vno de los dichos barcos en principio de cada mes de los que se detuuieren las flotas en las dichas partes con auiso particular de todo lo que conuenga tenerle, y sea necessario proueer para su mayor seguridad, y de todo lo demas que se ofreciere en aquellas partes: por quanto asseguran dose, como se asseguran por este medio los dichos daños, e inconuenientes que han resultado, y resultan de auer embiado con los dichos auisos nauios de mayor porte, se pueda juntamente saber con mas breuedad, y seguridad que hasta aqui, lo que en aquellas partes huuiere, de que conuenga tener yo breue noticia, y del viage, y sucesso de las flotas que ouierē ydo destos Reynos, y tiempos en que alla se despacharan para la buelta, y para que para este efeto se introduzgan, y fabriquen en los puertos dellas barcos del mismo porte, y tamaño que fueren los que de acá se han de lleuar con las dichas flotas, y en aquellos, y no en otros se embien los dichos auisos. he mandado escriuir, y dar orden a los Gouernadores de los dichos puertos que ellos tengan particular cuydado de cumplirlo. Y para que con ocasion de embiar los dichos auisos, aūque sea en los dichos barcos luengos no la aya de yr contra mi intencion, y voluntad: Establezco, ordeno, y defiendo, que los dichos barcos luengos, no puedan lleuar destas partes ningun genero de mercaderias de ninguna calidad, ni cantidad que sean: ni menos traerlas de las Indias, ni oro, plata, perlas, piedras, joyas, ni otra cosa, sino tan sola, y desnudamente los dichos despachos, y mantenimientos necessarios, para la gente que fuere, o viniere en ellos, y que no puedan lleuar destos Reynos, ni traer de las dichas Indias a ningun passajero sin mi licencia, o de quien en mi nombre la pueda, y deua dar, so pena de que todo lo demas que se lleuare o traxere en ellos se tome por perdido, y los Maestres, y

Pilotos

Pilotos,y perſonas que traxerẽ,ò lleuaren los dichos barcos,y los demas q̃ fueren culpados en la cargazon,o perſonas q̃ lleuarẽ,o traxeren,incurran en perdimiento de la mitad de ſus bienes: aplicado todo en la forma ſobredicha. Demas de lo qual los Pilotos,y Maeſtres,y perſonas a cuyo cargo fueren,o vinierẽ,los dichos barcos,ſeã condenados en diez años de galeras al remo. En las quales dichas penas declaro, y es mi voluntad,que ayan incurrido por el miſmo caſo q̃ hizieren coſa en contrario de lo arriba proueydo,ſin otra declaracion,ni ſentẽcia alguna:porq̃ mi intẽciõ,y determinada voluntad, es, que de aqui adelante no ſe pueda embiar deſtos Reynos a las dichas Indias,ni dellas deſpachar para aca auiſos en otros nauios de ningun caber,ni porte,ni cõ ningunas mercaderias, oro, plata, perlas, ni otra coſa, ni perſona ſin las dichas licencias:ſo pena q̃ ſi la perſona q̃ lo deſpachare,o fuere en q̃ ſe deſpache,ſabiendolo,y pudiẽdolo eſtoruar,no lo hiziere, y tuuiere oficio mio,por el miſmo caſo le aya perdido, y pierda,y ſea incapaz de tener otro ninguno,ni de ninguna calidad: y la tal perſona que deſpachare los dichos nauios,que tenga oficio mio,por el miſmo caſo que los deſpachare aya perdido, y pierda la mitad de todos ſus bienes,y ſea deſterrado perpetuamente deſtos Reynos,y de los de las dichas Indias.En la qual dicha pena aſsi miſmo incurran las juſticias que fueren remiſſas, o negligentes en la execucion de las dichas penas, ſin alterarlas, diſminuyrlas,ni arbitrarlas, ſino fuere conſultandolo primero con mi perſona Real.

4 Y porque he ſido informado, que muchos de los que ſalen con ſus nauios de los puertos del Andaluzia, para yr a las Islas de Canaria con mercaderias para vender, y contratar en ellas,o a cargar de los frutos de las dichas Iſlas,y traerlos a eſtos Reynos,o lleuarlos a Francia, ſe derrotan, y van a las dichas Indias, fingiendo auerles ſido forçoſo por tiempos contrarios, tormentas, o miedo de coſſa-

A los nauios que ſaliendo a cargar de los frutos de las Islas de Canaria, para traerlos a eſtos Reynos,o lleuarlos a Francia

cossarios; y que para salir mejor con sus intentos, y dar mayor color a la causa, que fingen de sus arribadas, desaparejan sus nauios a la entrada de los dichos puertos: y que los que no hazen esto se encaminan, y van a partes donde saben que no ay oficiales de mi Hazienda, ni otras personas que tengan el cuydado que conuiene de tomar por perdidas, como lo son las mercaderias que lleuan: y assi las venden libremente, y se bueluen de la misma manera a otras partes, y puertos destos dichos Reynos, donde tampoco ay quien les pueda pedir, ni pida quenta de donde vienen, y que lleuaron, ni de las cosas que traen sin orden, y registro. Todo lo qual es contra lo expressamente dispuesto por las dichas ordenanças, y en grande perjuyzio de mi Real Hazienda, y del comercio vniuersal; demas de que se siguen dello los otros grandes inconuenientes que estan considerados. Desseando, como desseo, y procuro con tanto cuydado atajarlos, y componerlo todo, demanera que cessen, proueo, y mando que de aqui adelante todos los nauios que salieren de los puertos del Andaluzia para las Islas de Canaria cargados de mercaderias para ellas, o a cargar de los frutos que en ellas ay para traerlos a estos Reynos, o lleuarlos al de Francia, y arribaren a qualesquier puertos de las dichas Indias, è Islas, aora digan que arribaron a ellas por fuerça de tiempo, o por miedo de enemigos, se tomen por perdidos los tales nauios, y todo lo que en ellos fuere, y lleuaren, y los Pilotos, y Maestres incurran en perdimiento de los nauios, y de todos sus bienes; aplicado, como desde luego aplico los dichos nauios, artilleria, armas, y municiones que lleuaren para prouision de las dichas mis armadas, y todo lo demas que lleuaren los dichos nauios por tercias partes, en la forma arriba contenida. Demas de lo qual los dichos Maestres, y Pilotos sean condenados

arribaren a qualesquier puertos de las Indias, se tomen por perdidos con todo lo que fuere en ellos.

en

en diez años de galeras al remo: las quales penas mando ſe executen ſin remiſsion, ni moderacion alguna por las juſticias mas cercanas de los puertos donde los dichos nauios arribaren, ſo las penas arriba contenidas; atento que ſino ſe proueyeſſe tan vniuerſalmente, como ſe prouee, y ſe ouieſſen de reſeruar, y exceptar (como parece que fuera juſto) los caſos ineſcuſables del tiempo y enemigos, fuera dexar abierta puerta para que la prouiſion en los demas caſos no fuera de efeto alguno. Y para que lo ſea como conuiene, y ſean caſtigados los que ſe puſieren en el peligro, que no cayeran guardando mis ordenanças, he tenido, y tengo por bien, que la dicha ordenança ſe entienda, y execute ſin la dicha excepcion, ni otra alguna.

empos, y forma deſpacho de nauios, en que forme a la permiſsion de las Iſ. de Canaria hã embiar ſus fru. a las Indias.

5 Pero porque por ſer como es aſsi, que por la pobreza de las dichas Islas, y porque los vezinos dellas tengan ſalida de ſus frutos, para que deſta manera ſe puedan conſeruar mejor, como es juſto, por cedulas particulares, y el tiempo limitado que en ellas ſe declara les he hecho merced, y he tenido por bien que puedan cargar, y lleuar a las Indias de los frutos de la tierra, y no otra coſa alguna, con que los nauios deſta permiſsion eſten a punto quando paſſen por alli las flotas, y ſigan ſu conſerua, ſegun y como y mas particularmente ſe contiene en las dichas cedulas, a que me refiero, eſtoy informado, que los nauios que con eſta ocaſion ſalen de la coſta del Andaluzia, para yr a cargar en las dichas Islas los dichos frutos, van cargados de todas ſuertes de mercaderias de gran precio, y valor, y que deſpues las lleuan encubiertamente a buelta de los frutos de las dichas Islas, las quales no ſolo ſon defraudadas por eſte camino de la dicha merced, y beneficio, hecho con ſolo intento de ſu mayor, y mejor aprouechamiento, y conſeruacion, y no para que en los dichos nauios ſe lleue otra coſa de nin-

gun

gun genero, ni calidad; pero se han puesto, y ponen en peligro de perder la dicha merced, auiendo vsado, y vsando como vsan mal della, demas de los daños referidos, y de otros muchos que dello resultan. Para que cessen todos, y sea mayor el dicho beneficio que desseo hazer a las dichas Islas: para su mayor conseruacion, y aumento, prouco, y mando, que de aqui adelante puedan cargar, y lleuar, ô embiar los vezinos de las dichas Islas los frutos que cogieren en ellas de su labrança, y criança a qualquier parte de las Indias Occidentales, con que sea en conserua de flotas. En tal manera, que el año que huuiere de yr flota a la Nueua España se aya de dar, y dê despacho, y registro a los nauios de las dichas Islas que huuieren de yr a la dicha Nueua España, Yucatan, la Habana, y Honduras, y para las Islas de Barlouento. Y porque algunas vezes la dicha flota passa por las dichas Islas de Canaria, sin ser vista, ni poderse saber el dia que ha de passar, mando, que en tal caso se les dè despacho para salir desde veynte de Iulio, hasta fin del, y no antes, ni despues: y que para los nauios que quisieren yr con las flotas de Tierrafirme, porque las salidas destas no suelen ser a tiempos tan ciertos, mi Presidente, y juezes, oficiales de la casa de la Contratacion les embien auiso anticipadamente a costa de las dichas Islas, del tiempo preciso en que huuieren de salir las dichas flotas, para que esten a punto los nauios que las huuieren de seguir. Y porque algunas vezes no se puede salir en el tiempo que se piensa por casos que suceden, mando assimismo, que los nauios que huuieren de yr con las dichas flotas de Tierrafirme los años que las huuiere, salgan con las dichas flotas. Y que en caso que se passen sin ser vistas. ò que por otra causa no las puedan seguir, se les dè despacho para salir desde veynte

de

de Diziembre, haſta fin del, y no antes, ni deſpues: y que los juezes de regiſtros que ſon, ò por tiempo fueren en las dichas Islas, ayan de embiar, y embien luego con mucho cuydado a la dicha caſa de la Contratacion de Seuilla los regiſtros de los nauios que deſpacharen, y fee de los dias en que huuieren ſalido, y para que Prouincias, para que con eſtos recaudos (pues los dichos nauios han de boluer a la dicha caſa, conforme a las ordenanças della) ſe pueda pedir cuenta a los Maeſtres dellos de la gente que huuieren lleuado, y ver como huuieren cumplido, ò ſi ſe huuieren derrotado, y ſe puedan executar en ellos las penas en que conforme a eſtas ordenanças huuieren incurrido: y que los dichos juezes de regiſtros guarden las inſtruciones, y ordenanças de la dicha caſa de la contratacion, y lo que en eſta ſe diſpone, y en ſu conformidad den las dichas viſitas, y regiſtros a los nauios que ante ellos las pidieren, y no de otra manera. Y que para que no ſe pueda lleuar en los dichos nauios a bueltas de los dichos frutos mercaderias deſtos Reynos de ningun genero, ni calidad, ſino ſolamente los dichos frutos, como conuiene, y es mi voluntad el dicho juez con el eſcriuano de regiſtros entren en los dichos nauios antes de recebir la carga, y los viſiten, y vean, y aueriguen ſi ay en ellos algunas coſas de las prohibidas, como queda dicho, y hallandolas proceda contra los Maeſtres de los dichos nauios, y condene por perdidas las dichas coſas, cuyo valor apliquen por tercias partes, mi Camara, y el dicho juez, y denunciador. Y que hecho eſto, y auiendolo aſſentado aſsi por auto, aſsiſtan perſonalmente a verlos recebir la carga conforme a ſu porte, para que tan ſolamente ſe haga de los frutos de las dichas Islas, ſin permitir que (como dicho es) ſe embarque, ni meta otra coſa en ellos, ſo pena de priuacion perpetua de los dichos oficios, y

de

de otros qualesquier de mi seruicio, y perdimiento de todos sus bienes, aplicados en la forma sobredicha. Y para que los Maestres, Pilotos, ni otras personas que fueren en los dichos nauios no puedan encubrir las dichas cargazones, si las lleuaren: demas de los dichos frutos, mando a los oficiales de mi Real Hazienda, de los puertos donde fueren a descargar, y a las justicias dellos, que visiten los dichos nauios, y vean si las cargazones van conforme a los dichos registros, y a esta mi ley, y ordenança: y si hallaren alguna cosa fuera dello, lo tomen todo por perdido con los mismos nauios, y todo lo demas que en ellos fuere: y auiendo denunciador, se le aplique la tercia parte de la condenacion, y mercaderias que tomaren: y no le auiendo, sea la tercia parte para mi Camara, y las otras dos para el juez que lo sentenciare. Y demas de lo sobredicho los dichos Maestres, y Pilotos, ò las personas que se hallaren culpadas en la dicha cargazon, sean condenados en diez años de destierro del Reyno, y de las Indias, y carrerra dellas, y los dueños de las tales mercaderias incurran en perdimiento de la mitad de sus bienes aplicados para mi Camara. Y mando a las justicias, y oficiales de mi Hazienda, donde los dichos nauios fueren condenados que hagan con toda diligencia, y cuydado aueriguacion de cuyas fueren las tales mercaderias, y embien las diligencias que sobre todo ello hizieren a mi Real Consejo de las Indias; assi para que las dichas penas se executen en lo que acà tocare, como parece que se vea la culpa que resultare contra los dichos juezes de registros. porque mi fin, è intento es desarraygar de todo punto los fraudes destas arribadas, y que no sean perjudicados con ellas mis derechos Reales, y que se proceda con toda buena orden, y concierto en las cosas del comercio, por ser de la importancia que es. Y para que esto se haga, y guarde mas precisamente, mando assimismo, que

que ninguno de los nauios que salieren de las dichas costas de Andaluzia, para las dichas Islas pueda salir sin registrarse ante la justicia del puerto donde saliere: la qual justicia declare en la licencia que se le diere la parte para donde sale· y que auiendo visitado el nauio a quien diere la dicha licencia, no le hallò cargado de ninguna mercaderia, ni otra cosa, ò la carga que hallò en el· y de otra manera no puedan dar, ni den el dicho registro, so las dichas penas impuestas contra los juezes, y oficiales de las dichas Islas que contrauinieren a lo arriba proueydo.

6 *Nauios de Portuguesses que se derrotaren, y arriban a las Indias, lo que se ha de hazer con ellos.*

Y por quanto assimismo he entendido que sucede surgir muchos nauios de Portuguesses a los puertos de la Isla Española, Cartagena, Margarita, Rio de la Hacha, Puertorico, Hauana, Honduras, y Nueua España, y de otras Prouincias de las Indias, y las mas vezes maliciosamente, diziendo, que les conuino hazerlo por tiempos contrarios, necessidad de bastimentos, ò otras causas, yendo al Brasil, ò a Cabouerde, ò boluiendo de Angola, ò Guinea con negros, y que para conseguir sus fines tienen correspondientes, ò van encaminados a personas que los amparan· y que auiendo prouado que la necessidad les forçó a llegar alli para hazer agua, ò comprar bastimentos, como es cosa muy facil, y ordinaria el hazerlo, fingen que se quieren boluer a salir, y seguir sus viajes, teniendo preuenidos a los que los amparan, y receptan, para que a este tiempo acudan (como lo hazen) a los Gouernadores, y Regimiento, pidiendo que no dexen salir los dichos nauios, por la grande necessidad que representan, y dizen auer de aquellas cosas que se lleuan en ellos, con cuya cautela se las dexan vender, pagando los derechos, y tomando testimonios de aquellos autos, y requirimientos para su descargo: y que destos mismos medios y traças se valen algunos naturales destos Reynos, haziendo para ello los vnos, y los otros la forma de regis-

registro que les parece de lo que traen solo por cumplimiento, obligandose a venir a la Hauana a esperar las flotas, de cuyo viage tambien se desuian, diziendo, que no pudieron tomar el puerto para venirse (como se vienen) a los del Reyno de Portugal, que es lo que pretenden, y todo contra lo dispuesto en las dichas ordenanças, y de que resultan, y pueden resultar muchos inconuenientes: por tanto para que se escusen, mando, que quando de aqui adelante arribaren a qualquier puerto de las Indias algun nauio, ò nauios de los dichos Portugueses, ò naturales destos Reynos que se ouieren derrotado yendo al Brasil, ò Cabouerde, ò boluiendo de Angola, ò de Guinea, no se consienta, ni dè lugar a que descarguen para vender mercaderias, ni negros en ninguna cantidad, sino que haziendoseles buen acogimiento, y dandoseles las cosas de que tuuieren necessidad para remediarse, vayan en seguimiento de sus viages, so pena, que qualquier mi Gouernador, ò oficial de mi Real hazienda, que permitieren, ó dieren lugar a que descarguen, ni vendan los que fueren en los dichos nauios cosa alguna de lo que en ellos se lleuare, por necessidad que aya, qualquiera que sea, ni en otra forma, incurran en priuacion de sus oficios, y queden inhabiles de poder tener perpetuamente, ni exercer otros ningunos de mi seruicio, y en perdimiento de la mitad de sus haziendas, y los Maestres, y Pilotos que consintieren descargar las mercaderias, ni negros de los dichos nauios, todas, ni parte dellas para venderlas: por el mismo caso que lo consintieren, ni dieren lugar a ello, ayan incurrido, è incurran en perdimiento de los nauios, y de todas las mercaderias que en ellos fueren, aplicado en la manera sobredicha: las quales dichas penas mando hagan executar el Presidente, è Oydores de mis Audiencias Reales, en cuyos distritos lo tal acaeciere, sin esperar a me lo consultar, ni dar auiso dello.

Tambien he sido informado, que muchos mercade- 7

res

.as mercaderias ue ſe lleuaren re iſtradas para las ſlas de Barlouē o, no ſe puedā paſ ar en ningun tiē- o a Cartagena, Nombre de Dios, u Nueua Eſpaña.

res deſtos Reynos, piden viſita, y regiſtro para lleuar mercaderias a las dichas Islas de Barlouento, Veneçuela, Santamarta, Rio de la hacha, y Cabo de la vela, y llegados alli tienen tales traças, y modos, q̃ las paſſan a Tierrafirme, y Nueua Eſpaña, y que lo miſmo hazen otros mercaderes de las miſmas Islas, y Prouincias: los quales compran, y guardan las dichas mercaderias, y las lleuan a vender a la dicha Nueua Eſpaña, y Tierrafirme, quando no eſtan alli las flotas a bueltas de los frutos de aquellas Islas, y Prouincias con que pueden nauegar en todos tiempos en nauios ſueltos de vnas partes a otras. Para remedio de lo qual, mando, que todos los nauios, y mercaderias que de aqui adelante fueren con regiſtro a qualquiera de las dichas Islas de Barlouento, Veneçuela, Santamarta, Rio de la hacha, y Cabo de la vela, ſe ayan de deſcargar, y quedar en aquellas partes, para donde lleuaren ſu regiſtro, ſin que por ninguna via puedan ſalir, ni paſſar a otra ninguna parte de las dichas Indias, en los miſmos nauios en que fueren deſtos Reynos, como quiera que permito, y tengo por bien, que las dichas mercaderias deſpues que ſe ayan deſembarcado en las dichas Islas, y Prouincias ſe puedan comunicar por los mercaderes, y vezinos dellas en las miſmas Islas de vnos puertos a otros, y de vnas Islas en otras, porque auiendo como ay en las dichas Islas, y puertos algunos pueblos tan cortos, y neceſsitados, que no pueden ſer proueydos por otra via, mi voluntad es, que ſean ſocorridos, y ayudados por todos los medios poſsibles: y por la miſma razon permito que por la miſma manera, y por la miſma orden ſe puedan comunicar las dichas mercaderias en las dichas Prouincias del Rio de la hacha, Veneçuela, Cabo de la vela, y Santamarta, y de los puertos dellas de vnos en otros, y no de otra manera: con que en ningun tiempo, ni por ninguna cauſa ſe puedan contratar, ni lleuar las dichas mercaderias a Cartagena, Nombre de Dios, Honduras, ni la Veracruz, ſo pena de

que

que si lleuandose destos Reynos registradas para las dichas Islas, y prouincias se passaren en los mismos nauios, en q̃ fueren a otras qualesquier partes, o despues, los mercaderes de las mismas Islas, y prouincias las lleuarẽ a los dichos puertos del nombre de Dios, Cartagena, Honduras, o la Veracruz, las dichas mercaderias se tomen por perdidas en qualquier parte, o puerto donde se hallaren, y los que lleuaren incurran en perdimiento de todos sus bienes, aplicados en la forma sobredicha.

En muchos puertos de las dichas Indias se tiene por grangeria comprar mercaderias, y otras cosas, de las que se lleuan en estos nauios derrotados, y los vezinos, y tratantes encubren, y receptan a los dueños dellas, y no solamente no son castigados, conforme a las dichas ordenanças, pero toman atreuimiento, y osadia para cõtinuar los sobredichos excessos, y descaminos, de donde tantos daños han resultado, y resultan. Y para que se remedien, y en ninguna manera se pueda vender, ni vsar de lo que se lleuare en los tales nauios en las partes donde arribarẽ: Prohibo, y defiendo a todas, y a qualesquier personas, de qualquier estado, dignidad, o preeminencia que sean, el poder comprar, ni recebir por ningun titulo, ni causa mercaderias, ni otra cosa alguna de lo que se lleuare en los dichos nauios arribados, aora se compren, o reciban de los dueños de las dichas mercaderias, o de otro qualquier tercero, so pena de que assi el comprador, como el vẽdedor, o personas de cuya mano, o por cuya orden se recibiere, siendo participes en el dicho fraude, o sabiendo despues, que compraron, o recibieron mercaderias prohibidas vsan dellas, incurran en perdimiento de todos sus bienes, y de las dichas cosas que assi compraren, o vendieren de los dichos nauios arribados, o derrotados, con q̃ si fueren mercaderes tratantes, o reuendedores sean condenados en diez años de galeras, y que en la misma pena incurran los que los encubrieren, o receptaren: y siendo personas

No se puedan cõprar mercaderias algunas de nauio arribados.

de

de mas calidad sean desterrados perpetuamente de las Indias: demas de las penas de perdimiento de las haziendas y mercaderias arriba referidas: y siendo eclesiasticos sean auidõs por estraños destos mis Reynos, y pierdan las temporalidades, sobre que encargo a los prelados, que tengan mucho cuydado de executar en ellos estas dichas penas sin remission alguna, como expressamente ordeno, y mãdo a todos los juezes de mis Reynos, y señorios, y a cada vno en su distrito las hagan executar, y executen en las personas sugetas a su jurisdicion, sin q̃ ninguno las pueda alterar, inouar, ni arbitrar por ninguna causa, ni razõ, por ser como es esta mi intencion, y determinada voluntad, para que sabiendo que no ha de auer perdon, ni remissiõ de la pena, despues de auer incurrido en ella, no aya quien se atreua a quebrantar lo arriba contenido.

Los oficiales de los puertos de las Indias embien relacion cada año de los nauios que huuierẽ arribado cada vno dellos, y lo que se huuiere tomado por descaminado.

9 Para que el cumplimiento destas ordenanças sea mas cierto, e inuiolable, como es mi intẽcion, y determinada voluntad que lo sea, ordeno, y mando, que los juezes oficiales de mi Real hazienda, assi de los dichos puertos de las Indias, como destos Reynos, embien cada vn año al dicho mi Real Consejo testimonio en forma del nauio, o nauios que ouierẽ arribado aquel año a todos los puertos donde residieren los vnos, y los otros, y de lo que en ellos se ouiere condenado por descaminado, cumplido, y executado, conforme a lo contenido en estas ordenanças, y de las diligencias que sobre ello ouieren hecho, so pena de priuaciõ de los oficios, y de q̃ no puedã en ningũ tiẽpo tener otros algunos de mi seruicio: porq̃ sabiendo lo q̃ resulta de la dicha obseruancia, y como cessan los daños, e incõueniẽtes passados, q̃ cõ tãto cuydado desseo atajar, sepa, y entienda si es suficiente prouision la contenida en estas ordenanças, o conuendrá hazerla mayor.

Nauios que viniendo de las In-

10 El excesso grãde destas arribadas, y descaminos de nauios, no solamẽte ha sido de los q̃ van destos Reynos a las Indias, pero ordinariamẽte muchos de los q̃ de allà vienẽ

a Seui-

a Seuilla en flota, o fuera della arribã a los puertos de mi Reyno de Portugal, ora sea por tiempos contrarios, o por las otras causas, que ordinariamente presuponen de miedo de enemigos, fingiendo lo vno, o lo otro, o ambas cosas por esconder el oro, plata, perlas, mercaderias, y otras cosas que traen sin registrar, y vender las dichas mercaderias, y ocultar passajeros, de quien conuiene tener noticia, lo qual demas de ser contra lo dispuesto en las ordenanças de la dicha casa resultan dello muchos notorios, e intolerables inconuenientes, perdida, y menoscabo de mi Real hazienda, y rentas, y del comercio destos Reynos, para cuyo remedio, y de las justas quexas, que cada dia se aumentan de los que tienen arrendadas las dichas mis rentas, y vniuersalmẽte de todos los hõbres de negocios, para que cessando la causa de sus querellas los nauios de las Indias que arribaren a los puertos del dicho Reyno de Portugal passen a Seuilla con todo lo que traxeren, conforme a las dichas ordenança, las quales es cosa justa, y necessaria, que se guarden inuiolablemente, y que la malicia destas arribadas, y descaminos voluntarios, se castiguẽ con exemplo. Mando a la persona, o personas a quien yo tuuiere encargado este cuydado en Lisboa, que para su buen efeto guarde, y cumpla la orden siguiente. | *dias arribarẽ [illegible] costa de Portu[gal]*

11 Que quando de aqui adelante qualquier nauio, o nauios, que viniendo de las dichas Indias Ocidentales, o Islas de Barlouento se derrotaren, y arribaren a qualquiera de los puertos del dicho Reyno de Portugal, la persona, o personas a quien yo tuuiere dada la dicha comission, ò con su poder, y orden assistieren en los dichos puertos hagan aueriguacion, y todas las diligencias necessarias, para entender, y saber la ocasion de la dicha arribada: y aora se entienda auer sido forçosa, aora voluntaria, ordene, que luego que el tiempo dè lugar a ello, el nauio arribado buelua a salir en seguimiento de su viage derechamente a la dicha ciudad de Seuilla, remitido al Presidente, | *Passen a Seuilla con todo lo que traxeren.*

dente, y juezes, oficiales de la casa de la Contratacion, a los quales embie las diligencias, y aueriguaciones q̃ ouiere hecho, para que conforme a lo que dellas resultare executen las penas de las dichas ordenanças en los delinquẽtes, y demas dellas mando a los dichos mis Presidentes, y juezes, oficiales, que a los Maestres, y Pilotos de los dichos nauios, q̃ se huuiere aueriguado auer arribado maliciosamente, o sin necessidad inescusable, los condenen en diez años de galeras al remo, y perdimiento de los dichos nauios, y de todo lo que en ellos traxerẽ, y de todos sus bienes, aplicado todo en la forma sobredicha.

12 *[L]o que se ha de [h]azer en caso que [lo]s dichos nauios [ll]egassen tan mal [p]arados, que no [pu]diessẽ nauegar.*

Y en caso que los dichos nauios que arribaren forçosa, o voluntariamente a los dichos puertos llegassen tan destroçados, y malparados q̃ en ninguna manera pudiessen boluer a nauegar, mando a los dichos Comissarios, o a la persona, o personas que cõ su poder, y orden assistieren a hazer las dichas diligẽcias, q̃ a costa de los dueños, ò maestres de los dichos nauios alquilen vna casa donde se meta por inuentario que se haga ante escriuano, todo lo que en ellos se traxere, y que sin permitir, ni dar lugar a que se venda, ni disponga de cosa alguna, en poca, ni en mucha cantidad de orden en que se aderecen los dichos nauios, o se fleten otros, y que en ellos se buelua a embarcar toda la cargazon enteramente, y que con ella, y la dicha aueriguacion passe a la dicha casa de la Contratacion para el efeto referido en el capitulo antes deste.

13 *Diligencias que se han de hazer, en caso que por arribar los dichos nauios a parte dõde no aya persona puesta por los Comissarios se huuiessen*

Y porque podria ser que los dichos nauios derrotados apoitassen a parte donde no ouiesse persona señalada por los dichos comissarios para hazer las dichas diligencias, y que quando acudiessen a ello, ya se ouiesse descargado de los dichos nauios, y escondido el oro, plata, perlas, y demas cosas que traxessen, y vendido mercaderias, y dexado salir los passajeros. Mando que en tal caso los dichos comissarios, o qualquier dellos, o la persona, o personas que por su orden, y con su poder ouiere de ha-

zer

13 *vendido las mercaderias.*

zer las dichas diligencias, acuda al Corregidor, ò juſticia dõde lo tal acaeciere, para q̃ haga la diligẽcia, y auerigua ciõ cõtra los Portugueſes, q̃ ouierẽ cõprado, contratado, ò diſpueſto en qualquier forma y manera de lo q̃ venia en los dichos nauios de todo, ò de parte, y los ſoliciẽ para q̃ compelan a los cõpradores y perſonas en cuyo poder ouiere entrado, y eſtuuiere por qualquier razon, ò cauſa que ſea, ſiendo vezinos y naturales de aquel Reyno, a que lo bueluan y reſtituyan, caſtigãdolos con todo rigor (como ſe les ordenara por via del Conſejo del dicho Reyno) porque mi intencion y voluntad, es, no contrauenir, ni dar lugar a que nadie contrauenga a los antiguos priuilegios, y concordias, tomadas con aquella corona: para cuyo mejor cumplimiento, quiero y mando, que en conformidad de las dichas concordias y priuilegios, los naturales y vezinos dellas ſean conuenidos ante ſu juez, y caſtigados por el. Pero porque no es juſto, que ſocolor de q̃ ſon Portugueſes los que quebrantan las leyes de eſtos Reynos, en perjuyzio de mis rentas, y de los naturales dellos, encargo a los juezes de la dicha Corona de Portugal, ante quien ocurrieren eſtas cauſas que los oygan, y procedan con ellas, de manera, que los culpados queden caſtigados, y los demas eſcarmienten: y que los dichos Comiſſarios, ò ſus Procuradores hagan las dichas aueriguaciones y diligencias contra los Pilotos, Maeſtres, y demas culpados Caſtellanos, y preſos los remitan a la dicha caſa de la Contratacion con ſus proceſſos, y los dichos nauios, oro, plata, perlas, y demas mercaderias, y coſas, para que alli ſean caſtigados en la forma ſobredicha.

Aſsimiſmo ſoy informado, que muchos de los que vienen por *P*ilotos, Maeſtres, y oficiales de los dichos nauios derrotados ſe quedan en el Algarue, para que alli ſe venda, y encubra mejor lo que traen, y que para mayor ſeguridad deſta fraude y cautela auiendo

14 *Maeſtres, Pil… y oficiales … nauios der… q̃ ſe quedan en…*

Algarue, sean presos, y embiados à Seuilla.

cobrado sus sueldos en el canal de Bahama, desamparan los dichos nauios, no pudiendo, ni deuiendo hazer hasta auer assistido a su descarga, donde legitimamente deuiera hazerse, para que por este camino, ni por otro no se defraude de aqui adelante a mi intencion, y à lo arriba ordenado: mando a los dichos Comissarios, que auiendo hecho diligentissima aueriguacion de lo susodicho, procuren prender los culpados, y presos, los embien a la dicha casa de la Contratacion, con la aueriguacion de sus culpas, para que alli sean castigados, conforme a estas ordenanças, ò que en caso que no puedan ser auidos los culpados, auisen a la dicha casa, para que por lo menos los della procuren repetir y cobrar de sus bienes, y hazienda los sueldos que indeuidamente ouieren cobrado, secresten, y embarguen lo demas della que hallaren, y hagan todas las diligencias que conuengan, para que pudiendo ser auidos, y estando conuencidos de sus culpas, sean condenados en verguença publica, y destierro perpetuo del Reyno, y carrera de las Indias.

15

Ninguna persona de las que vinieren en los nauios de auiso salte en tierra en el Algarue.

Muchas vezes acaece despacharse nauios de las Indias, con auisos importantes, y orden à los Maestres dellos, de tomar la primera tierra del Algarue que descubrieren, y encaminar desde alli los despachos que traen, en cuya ocasion estoy informado que saltan en tierra, y sacan cosas de mucho valor, y que lo mismo hazen los passageros que vienen en ellos, de que resultan muchos inconuenientes y fraudes: para cuyo remedio mando, que de aqui adelante ninguna persona que viniere en los dichos nauios, ò en otros qualesquier, Piloto, Maestre, passagero, ni marinero, no sea osado a saltar en tierra en ninguna parte del dicho Algarue, ni descargar hazienda, ni tomar puerto, sino fuere con necessidad precisa, è inexcusable, sino que auiendo entregado los despachos que traxeren, conforme à sus instruciones passen a Seuilla, so pena de perdimiento de todos sus bienes, y destierro perpetuo

petuo del Reyno, y de la dicha carrera, y q̃ para que estas penas se executẽ, los dichos Comissarios hagã las aueriguaciones, y las embien à la dicha casa de la Cõtratació.

Otro si mando, que quando de aqui adelãte arribare alguno d̃ los dichos nauios à qualquiera de los puertos del dicho mi Reyno de Portugal, por qualquier manera, ò caso forçoso, ò volũtario, los Maestres dellos, antes de desembarcar mercaderias en ninguna cantidad, ni dexar saltar en tierra persona alguna, seã obligados a dar cuẽta de su arribada à los dichos Comissarios, ò personas que por ellos assistieren en los puertos donde llegarẽ, y les entreguẽ los registros q̃ traxeren, para q̃ en virtud dellos sean visitados los dichos nauios, y se cũpla con lo contenido en estas ordenanças, y q̃ arribando a puerto donde no estuuierẽ los dichos Comissarios, ni personas puestas por ellos, hagan la misma diligencia, ante las justicias de los dichos puertos, para q̃ las tales justicias auisẽ à los dichos Comissarios, ò sus ministros q̃ estuuieren mas cerca, de manera, q̃ hasta q̃ vayã, ò embien, no desembarque persona, ni mercaderia alguna, so pena de perdimiẽto del dicho nauio, ò nauios, y de todo lo q̃ en ellos se lleuare, y de la mitad de todos los bienes de los dichos Maestres, y Pilotos, y demas culpados, los quales assimismo incurã en pena de verguença publica, y priuacion perpetua de los dichos oficios, y vsandolos en algun tiẽpo lo cumplan en galeras al remo. 16 *El Maestre del nauio q̃ arribare sin saltar en tierra, ni sacar del cosa alguna, auise à los Comissarios, ò a las justicias donde no los huuiere, y le entregue el registro, para que le visite; y haga las demas diligencias.*

Assimismo mãdo, que al passar las flotas de las dichas Indias para el Algarue, no pueda yr ningun barco dellas à tierra, so pena de dozientos açotes, y diez años de galeras à cada vno de los marineros, que en ellos fuere, aunque sea con licencia de los Generales, y que los dichos Comissarios hagan las aueriguaciones, y las remitan con los presos à la dicha casa de la Cõtratacion, para q̃ las dichas penas se executen, y que lo mismo se entienda con los esquifes de las galeras, quãdo saliẽdo à esperar las dichas 17 *Quando passaren por el Algarue las flotas, no pueda yr barco alguno dellas à tierra.*

 flotas

flotas, se juntaren en ellas, para que se cumpla lo que se pretende, de que llegue todo enteramente â Seuilla.

A los dichos Comissarios, ò a las personas que acudieren à hazer las dichas diligencias, mãdo solicitẽ a las justicias de los dichos puertos, para que no permitan, ni den lugar â que ningun barco de pescador pueda recibir á ninguna persona que encõtrare en la mar, de los nauios que vienen, ò vinieren de las dichas Indias, ni dexẽ salir ningun barco de tierra al passar de las dichas flotas, y q̃ castiguen con mucho rigor a los culpados en esto, como se les ordenara por la via del Consejo de aquel Reyno.

18 *Ningun barco de pescador del Algarue no reciba à ninguno de los q̃ vinieren de las Indias, ni salga â tierra al passar de las dichas flotas.*

Mando assimismo, que ningun nauio de los que vinieren de las dichas Indias, y Islas, y aportare al dicho Reyno de Portugal, no pueda tomar platica de tierra, hasta ser visitado de los dichos Comissarios, ò de sus ministros, para ver de donde viene, so pena de diez años de destierro del Reyno, y de la dicha carrera à los Maestres, y Pilotos: y porq̃ segũ he sido informado, muchas vezes acaece q̃ los dichos Maestres, y Pilotos, engañan con dezir, q̃ vienẽ de las Islas de Canaria, y descargã sus mercaderias, y se bueluẽ libremẽte fauoreciẽdo este engaño los ministros de la aduana, y los de la tierra por sus fines y aprouechamiẽtos.

19 *Ningũ nauio que arribare al dicho Reyno de Portugal pueda tomar platica de tierra, sin primero ser visitado por los dichos Comissarios.*

Por via del dicho Consejo de Portugal se despachará prouisiõ, para que ninguna justicia ni ministro de aquel Reyno se entremeta à conocer de causas de nauios, persona, ni haziendas que vengan de las dichas Indias Occidentales, è Islas de Barlouento, q̃ toquẽ à Castellanos, y quiero, q̃ lo que en contrario se hiziere, de tal manera sea nulo, y de ningũ valor y efeto, q̃ no pueda seruir, ni aprouechar por defensa à ningun Castellano de los que vinieren á la dicha costa forçosa, ò voluntariamente.

20 *Que por via del Consejo de Portugal se passara prouision para q̃ ningunas justicias de aq̃l Reyno conozcã de las causas de arribadas.*

Por las ordenanças q̃ mãdè hazer los años passados de cincuẽta y dos, y ochẽta y dos està proueydo lo q̃ por entõces parecio q̃ cõuenia, para q̃ las flotas q̃ vã á las Indias y vienen dellas à estos Reynos, vayan, y bueluan con la segu-

21 *Lo que se añade à las ordenanças de la casa de la Contratacion.*

seguridad que siempre he dessеado, y desseo, proueyendo para esto el porte que han de tener los nauios de mercancia, la gente, armas, artilleria, municiones, xarcias, y otras cosas necessarias que han de lleuar, para que vayan mejor proueydas, y bastecidas. Y assimismo las naos de armadas, Capitana, y Almiranta, con tanta particularidad y de manera, que cumpliendose, y obseruandose lo que en las dichas ordenanças se contiene, parecio que no quedaua cosa de quantas conuenian, que no estuuiesse sufficientemẽte proueyda, para que ouiesse el recaudo que se dessea, y es necessario en negocio de tan grande importancia, como es la seguridad de las dichas flotas, de q̃ depẽde la substancia destos Reynos; y el aliuio, y contentamiento de los naturales dellos: pero como quiera que el tiempo, y la esperiencia de lo passado, ha mostrado y muestra, que conuiene añadir y proueer de nueuo algunas cosas, para que lo contenido en las dichas ordenanças tenga mas cumplido, è inuiolable efecto, he tenido, y tẽgo por bien de añadir, proueer, y ordenar lo siguiente.

Que ninguna persona, de ningun estado, calidad, dignidad, ni condicion, sea osado de cargar en las naos de armada Capitana, y Almiranta ningun genero de mercaderias, de ninguna calidad ni condicion que sea, en poca, ni en mucha cantidad, con registro, ni sin el, aunque sea registrandolas en las naos de mercancia: porque siendo como es mi Real intencion, que las dichas naos de armada, vayan en toda la mejor orden que fuere possible, para assegurar las dichas flotas, serà derechamente contra ella, y contra todo lo que conuiene permitir, ni dar lugar à que los dichos nauios se embaracen con ningunas mercaderias. Y demas de mi indignacion en que incurrira el que de aqui adelante hiziere lo contrario: ordeno y mando que incurra en perdimiento de todas las mercaderias que se huuieren cargado, y lleuado en los dichos nauios, aora se hallẽ en ellos, ò de otra qualquier manera, 22.

No se cargue ningun genero de mercancia en las naos Capitanas, y Almirantas de las flotas.

que se aueriguare que las lleuaron, aplicadas todas para la mejor prouision de las dichas flotas, y mas en perdimiento de todos sus bienes de la persona cuyas fueren las dichas mercaderias, aplicados, segun y como en las ordenanças precedentes, y siendo persona baxa en diez años de galeras al remo, y destierro perpetuo de las Indias: y si fuere de mayor calidad en destierro perpetuo destos Reynos, y de las dichas Indias: y que el Maestre que las lleuare consintiere, ò diere lugar à que se carguen, ò de otra qualquier manera lo dissimulare, permitiere, ô encubriere, pierda en qualquiera de los dichos casos, todos sus bienes, y sea desterrado perpetuamente de las Indias, y condenado en que sirua diez años en las galeras al remo: en las quales dichas penas incurran los Contramaestres, guardianes, y despenseros de las dichas naos, para que con esto cessen los fraudes, cautelas, y infinitos otros malos medios de que suelen vsar, para cargar y lleuar las dichas mercaderias, teniendo fin à sus ilicitas, è indeuidas ganancias, y no à lleuar los dichos nauios, como conuiene para el tiempo de la necessidad, con que lo susodicho no se estienda à las mercaderias de tal calidad y peso, que puedan seruir de lastre de los dichos nauios, antes permito, y quiero que las mercaderias que fueren de tal peso y calidad, que puedan seruir de los dichos lastres, se puedan cargar y lleuar, para este efeto, y no para otro, en el fondo de las dichas naos, y no lleuando otros algunos lastres, y que esto se haga con licencia del Maestre, Piloto mayor, General, y Almirante, todos juntos, y no de otra manera.

Num. 23. *No se pueda tocar en ninguna manera en bastimentos, ni muni-*

Assimismo ordeno y mando, q̃ ninguna persona General, Almirãte, Piloto, Maestre, ni otro ningũ ministro, ni oficial de las dichas naos, Almirãta, y Capitana, pueda vender, trocar, ni cambiar, ni disponer en ninguna manera de ningunos de los mantenimientos q̃ se ouieren metido

metido en ellas para el bastecimiẽto y prouisiõ de su viaje de pan, vino, poluora, mecha, plomo, pelotas, armas, ni ninguna otra cosa de las municiones, y jarcias de la dicha nao, so pena de perdimiento de todos los bienes de la persona, o personas que vendieren lo susodicho, o parte dello, o consintieren vendello, o sabiendolo no lo denunciaren, para que no se haga, y de priuaciõ perpetua de los oficios que tuuieren, y que incurran en las mismas penas qualesquier personas de qualquier estado, calidad, y condicion que fueren, que compraren lo susodicho, o cada cosa, o parte dello, para que sabiendo assi los vendedores, como los compradores con el rigor, y seueridad con que hã de ser castigados en las dichas penas, no aya quien se atreua a cometer los fraudes y engaños que suele auer para consumir en breue tiempo los bastimentos, y municiones, de q̃ van suficientemente proueydas las dichas naos, de que ha resultado y resulta la necessidad que ay de hazer nueuos y mayores gastos en las Indias, para proueer de nueuo en muy subidos, y excessiuos precios lo mismo que se vendio y consumio por medios tan ilicitos: y lo que peor es auenturãdose muchas vezes a traer las dichas naos faltas de los dichos bastimentos y municiones, de que han resultado los daños, e inconuenientes que se han esperimentado.

ciones de las naos de armada de las flotas.

24 Ningun Maestre de las naos de mercancia de las dichas flotas, no pueda lleuar, ni lleue menos cantidad de pieças de artilleria, arcabuzes, mosquetes, poluora, mecha, pelotas, y demas armas, municiones, y xarcias de las que se contienen en las dichas ordenanças, y de lo que sobre todo se proueyere y ordenare, que lleuen en la vltima visita que se hiziere para el despacho de la flota, y menos pueda hazer muestra de ninguna de las dichas armas y municiones, tomandolas para este efeto prestadas de otras naos, ò personas para boluerselas luego à sus dueños, y defraudar con estos y semejantes medios la fuerça

Las naos de mercancia lleuen el artilleria, y municiones que se dispone por las ordenãças de la casa.

 y buen

y buen recaudo que es juſto que lleue cada vna de las dichas naos para todos los caſos que ſe pueden ofrecer; y para la buena orden y gouierno que es neceſſario, y ſu conſeruacion y aumento del trato y comercio de eſtos Reynos, ſo pena de perdimiento de las armas, y municiones que ſe vendieren, ò preſtaren contra lo diſpueſto en eſta ordenança, y en perdimiento de la mitad de todos ſus bienes: todo ello aplicado para las dichas armadas, y y mas en priuacion perpetua de los oficios que tuuieren las perſonas que fueren y vinieren contra lo contenido en eſta dicha ordenança. Y quiero, y es mi voluntad, que en las miſmas penas caygan, è incurran los demas Maeſtres, y otras perſonas que preſtaren armas, municiones, ni otra coſa alguna para hazer mueſtra fingida dellas en otra nao. Y que las dichas penas ſe eſtiendan y executen contra los Maeſtres, y ſeñores que tuuieren dos, ò mas nauios, y hizierẽ mueſtra de las armas, y municiones del vno para los demas. Y que demas de las dichas penas aya perdido, y pierda los dichos nauios, aplicados para las dichas armadas. Por quanto mi intencion y voluntad, es, que la mueſtra que cada nauio hiziere de armas, municiones, y xarcias, ſea tã verdadera y cierta, que à ninguna le falte de lleuar, y traer lo proueydo por las dichas ordenanças, y vltimamente por la vltima viſita que ſe huuiere hecho para el deſpacho de las dichas flotas.

25

Los Generales, y Almirãtes de las flotas, ſean obligados á lleuar copia autentica de la viſita q̃ ſe huuiere hecho à todas las naos a la ſalida para la q̃ ellos han de hazer deſpues en la mar.

Cada vno de los Generales, y Almirantes de las flotas que de aquiadelante fueren à las Indias, ſea obligado à lleuar conſigo copia autentica, ſignada del eſcriuano de la viſita, y autorizada del Viſitador que la huuiere hecho, de toda la artilleria, armas, y municiones, xarcias, y otras coſas que lleua, y ha de lleuar cada nao de las de la flota de armada, y mercancia; aſsi conforme à lo proueydo en las dichas ordenanças, como à lo que vltimamente ſe huuiere acordado en la viſita de la dicha flota, para que proſiguiendo ſu viage el dicho General, y Almirante con el eſcri-

escriuano mayor, y Piloto mayor de la dicha flota, y con el Veedor, ayan y sean obligados a visitar personalmẽte cada vna de las naos della, y vean si lleua la artilleria, armas, y otras municiones conforme a la dicha visita, haziendo cerca desto todas las diligencias q̃ conuenga para que tengan cumplido efeto lo que se huuiere ordenado en la dicha visita, assentando por auto en manera q̃ haga fé todo lo que resultare desta que han de hazer las dichas personas en prosecucion de su viaje, so pena de priuaciõ de sus oficios a los que assi no lo cumplierẽ, y de quatro años precisos de destierro destos Reynos, y de los de las Indias, del cumplimiento de lo qual como, y en que manera se huuiere cumplido, mãdo que se haga cargo a los dichos Generales, y Almirantes, y de mas oficiales en las residencias y visitas que se les tomaren, para que sean castigados de lo que huuieren dexado de hazer y cumplir.

Ninguno de los Maestres de las naos de mercancia que huuiere de boluer de las Indias a España, ni otra ninguna persona puedan vender, trocar, cambiar, ni disponer de las dichas armas, ni municiones, ni en todo el tiẽpo y discurso de su viaje, en la yda y buelta del, aũque sea en muy poca cantidad, so pena de perdimiento de las dichas armas, aplicadas a la dicha armada, y de la mitad de sus bienes de la persona que lo vendiere, aplicados en la forma contenida en estas ordenanças: en la qual pena incurran assimismo los compradores qualesquiera q̃ fueren. Y para que lo contenido en esta ordenança, y en la precedẽte se cumpla y guarde mas precisa, e inuiolablemente: ordeno y mando, que luego como las flotas huuieren llegado a los puertos de las Indias donde huuierẽ de desembarcar los dichos Generales, Almirantes, Piloto mayor, Maestre, y Veedor, sean obligados a visitar los nauios de la dicha flota, y la artilleria, armas y municiones de cada vno, conforme a la copia de la visita que se hizo antes que se hiziesse a la vela, juntamente con el 26

No se pueda vender, ni sacar de los nauios que boluieren ninguna artilleria, ni municiones, y las visitas q̃ para esto se hã de hazer.

Gouernador,y oficiales de mi Real Hazienda,del puerto donde huuiere de desembarcar, para que todos juntos vean, y aueriguen si vienen enteras las dichas armas, y municiones,o lo que falta de lo vno,y de lo otro, y lo q̃ faltare,como y porque causas, y que esta misma visita se haga segunda vez,quando la dicha flota aya de boluer de las Indias a España,la vna,y la otra,cõ toda la solemnidad que conuiene y es necessaria, para que se le aya de dar entera fè,y credito: y si resultare no ser bastantes las armas, y municiones con que huuiere llegado alguna de las dichas naos, la proueeran luego de todo lo que conuenga a la seguridad de su viaje, para que desta manera vengan todas con las que cõuiene. Y preuenidas de lo que es necessario para el tiempo de la necessidad, y viniendo en seguimiento de su viaje,despues de auer desembocado de la Canal de Bahama,sean obligados a hazer otra visita en todas las naos de la flota, de la manera,y como lo deuieron hazer a la yda,y so las dichas penas: las quales dichas visitas han de traer consigo los dichos Generales, y Almirantes,para que llegados a Seuilla las entreguen al Presidente,y juezes,oficiales de la casa de la Contratacion, para que conforme a ellas visiten las dichas naos: y faltando algunas armas,o municiones,hecha la diligencia que conuiniere para aueriguar porque causas, y como faltaron,castiguen a los culpados,executãdo en sus personas, y bienes las penas destas ordenanças sin remissión alguna,so pena de priuacion de sus oficios.

27. *Los dichos Generales, y Almirantes tengan grã cuydado de que no se diuida de la flota ningũ nauio, y que todos vengan juntos.*

Aprouecharia poco la fuerça que se pretende, y es necessario que lleuen las naos de la flota de mercancia,y armada,si juntamente no se proueyesse cõ el cuydado que està puesto que ayan de yr y venir todas juntas en conserua,porque desta manera no aurà enemigo que la acometa,o si lo hiziere, no solo no auria que temer, pero muy gran razon de esperar que los enemigos serian desbaratados, y castigados. Y porque la causa de auerse visto al-

g[u]nos

gunos sucessos contrarios, ha sido, y es la mala orden con q̃ se prosiguen estos viajes, vnas vezes adelantando-se algunas naos, otras quedandose atras voluntariamente, dando lugar a todos los Generales, y Almirantes, de que han resultado los daños esperimentados, siendo como son los dichos nauios q̃ se adelantan, o quedan atras, ceuo de los enemigos, y causa de enflaquezerse la fuerça de las dichas flotas, con que la tienen los enemigos para acometerlas, y no la q̃ conuiene para defenderse, y ofenderlos. Para que cessen los inconuenientes passados, y no sucedan otros mayores, ni menores, ordeno y mando, que los dichos Generales, y Almirantes tengan grande cuydado de no consentir que ningun nauio se diuida de la flota por ninguna razon, ni causa, sino que todos sigan su viaje juntos, y en conserua, conforme a lo que cerca desto queda ordenado; y que los Maestres, y Pilotos lo guarden y cumplan assi, sin que ninguno pueda adelantarse por ninguna causa, ni razon, aunque sea por auer topado cõ armada de enemigos, y tan grande, q̃ le parezca mas seguro huyr, que esperarlos; porque en qualquier caso y sucesso las dichas naos no se han de poder apartar de la conserua de las demas, haziẽdo en todo lo que los Generales, y Almirantes ordenaren, sin poder hazer otra cosa, hasta que la Capitana, y Almiranta se ayan rendido, o las ayan vencido, o echado a fondo; so pena, que los nauios que de otra manera, ni en otro caso se apartaren, y diuidieren de la flota los Maestres dellos, por el mismo caso ayan incurrido, è incurran en pena de muerte, y perdimiento de todos sus bienes, aplicados en la forma contenida en estas ordenanças, sin esperança de remission alguna de las dichas penas en todo, ni en parte.

Los dichos Generales, y Almirantes, de mas de lo cõtenido en sus ordenanças, y instruciones, cerca del cuydado cõ que han de preuenir que toda la flota vaya junta en conserua, y no consentir q̃ se les quede ningun nauio 28.

Sean obliga los à contar cada dia en amaneciẽdo los nauios de su flota.

 correçorrero, por lo que importa mirar por la seguridad de todos, y q̃ los enemigos no se ceuen en ellos, como queda dicho, ordeno y mando, que los dichos Generales, y Almirantes sean obligados a contar cada dia en amaneciẽdo los nauios de su flota, para que faltãdo alguno, miren luego de vna vanda y otra por el, para que alcançandole de vista, no passen adelante sin aguardarle, hasta que aya llegado el dicho nauio, y procurado remediarle su necessidad, siendo posible. Y si hecha toda la diligencia conueniente no pudiessen alcançarle de vista, y se entendiesse que se apartò por temporal, y que por esta causa se podria auer derrotado tan lexos, que cõn dificultad se podria hallar, que en este caso le aguarden con toda la flota, no la poniẽdo en riesgo hasta recogerle, haziendo quãto conuenga, y sea necessario para no desampararle. Y si hechas todas las dichas diligencias, y parecido a los dichos General, Almirante, Piloto mayor, y Maestre que conuiene nauegar, y no esperarle, en tal caso lo hagã, procediendo en todo por autos publicos, hechos ante el escriuano mayor del armada para que conste de las dichas diligencias, so pena de priuacion perpetua de sus oficios, y quatro años precisos de destierro destos Reynos, y de los de las Indias.

29. *Si algun nauio se quedare atras peleando con enemigos, le bueluan a socorrer.*

Hase visto algunas y muchas vezes, que los cossarios a vista de las flotas alcançan, o salen al encuentro a estos nauios, que se quedan por no poder mas, y que aũque los veen rebueltos con los enemigos, y peleãdo con ellos no los socorren, ni aguardan, diziendo, que es menor inconueniente perder vn nauio, que auenturar toda la flota. Y porque auiendo de yr de aqui adelante con la guarnicion y fuerça de armas, artilleria, y gente, que està proueydo, y de nueuo se prouee, no solo no tienen q̃ temer con razon, antes no lo seria sino grande inconueniente desamparar por ninguna el dicho nauio: para que cesse esto, ordeno y mando, que los dichos Generales, y Almirãtes

no

no solo no puedan passar adelante con la flota, sin aguardar el dicho nauio: pero quando vean que no basta esto para assegurarle, bueluan para el en su defensa, y socorro, acometiendo a los enemigos si fuere necessario, hasta librar y poner en saluo el dicho nauio, o dexandolo de hazer, si conuininiere mas esto, segun el caso y tiempo, con parecer del Piloto mayor y maestre, y las demas personas del Consejo de guerra que fuerē en las dichas flotas, y constando de todo ello por autos publicos que hagan entera fe y credito, so pena, que los dichos Generales, y Almirantes que desampararen y perdieren de otra manera alguno de los nauios de su flota, incurran por ello en pena de muerte, y perdimiento de todos sus bienes irremissiblemente. Y porque aprouecharia poco auer hecho tan justas, y necessarias ordenanças, para perficionar, y assentar por este medio las cosas de la nauegacion de las Indias, y que de aqui adelante cessen los fraudes, e inconuenientes passados, de que han resultado los grandes y notorios daños que se han experimentado en mi Real Hazienda, y vassallos, y tan grande aprouechamiento en los enemigos que han cobrado las fuerças que no tenian para perturbar la dicha nauegacion, y passar mas adelante, como lo han intentado, e intentan, si las justicias a quien encargo, y cometo su execucion, no tuuiessen el cuydado, y diligencia que conuiene en hazer que se guarden, executando las penas en los transgressores, desseando, como desseo, no dexar cosa que no quede proueyda y cumplida suficientemente, ordeno y mando, que en las visitas y residencias que de aqui adelante se hizieren y tomarē a las justicias y oficiales de mi Real Hazienda que ouiere en todos los puertos destos Reynos, desde donde se haze la nauegacion para los de las Indias, y de las Islas de Canaria, y puertos de las Indias los Visitadores y juezes de residencia, principalmente inquieran, sepan y aueriguen con el cuydado, y

diligen-

diligencia, que dellos confio todas las cosas que en sus tiempos se huuieren ofrecido en sus distritos, de lo contenido en estas ordenanças, como, y en que forma se ha cumplido, y executado, para que hallando alguna culpa, negligẽcia, o remissión, en las personas a cuyo cargo huuiere estado su execucion, executen en ellas con todo rigor, y seueridad las penas en que huuieren incurrido, para que les sea castigo, y a otros escarmiento: y para que aueriguando como lo han de procurar los casos y personas con quien huuieren dissimulado, o moderado las penas en q̃ huuieren incurrido, procedã de nueuo en los dichos casos, y contra las dichas personas, para que auiendolos conuencido, los castiguen y condenẽ en las penas de las dichas ordenanças, como sino se huuiera conocido de los dichos casos, ni contra las dichas personas, sin que lo sobredicho, ni parte dello se pueda alterar, ni moderar, sino fuere consultandolo primero con mi persona Real, con relacion del caso sucedido, y de la razon que huuiere y se ofreciere para moderar, y alterar las penas en estas ordenanças establecidas. Y encargo y mando a mi Presidente, y a los de mi Consejo Real de las Indias q̃ tengan especial cuydado de su justa, e inuiolable obseruancia y execucion, como se lo remito con cierta confiança que lo cumplirán, como lo acostumbran en todas las cosas de mi seruicio, y biẽ vniuersal, como es del que se trata, y pretendo encaminar en virtud destas dichas ordenanças.

10\. *Que los juezes oficiales de Seuilla, y el de Cadiz, y los de Canaria tengã sobre las mesas de sus juzgados estas ordenanças.*

Y para que siempre se tenga dellas la noticia que conuiene, y su memoria presente, como cosa que es tan necessaria para la seguridad de la nauegacion de la carrera de las Indias, y aumento del trato, y comercio destos Reynos, y no menos, para que los enemigos no se alimenten y refuercen con su substancia, y tambien para que los juezes y oficiales de mi Real Hazienda, q̃ residieren en los puertos de suso referidos, sepan y entiendan

cada

cada vno en ſu tiempo, lo que ſe contiene en las dichas ordenanças, y para que efeto: y para que por eſtar oluidadas por ignorãcia, o inaduertencia, no caygan en ſu rigor mis ſubditos, y naturales. Ordeno, y mando, que mi Preſidente, y juezes, oficiales de la caſa de la Contratacion, y los juezes letrados della, y el de Cadiz, y los de las Islas de Canaria tengan continuamente las dichas ordenanças encima de las meſas de ſus juzgados, y que las lleuen el juez que fuere al deſpacho de las flotas, y los Viſitadores, y ſe dè vn cuerpo dellas a cada vno de los Generales de las dichas flotas, y que los Pilotos de los nauios ſean obligados a lleuar vna copia dellas, y que mis Gouernadores de las Islas de Santo Domingo, Cuba, la Margarita, Veneçuela, Rio de la Hacha, y Cabo de la vela, Santa Marta, Cartagena, Nombre de Dios, Honduras, la Veracruz, y demas puertos, las tengan aſsimiſmo encima de las dichas meſas los Gouernadores en las donde acoſtumbran a juzgar, y hazer ſus Audiẽcias, y los oficiales de mi Real Hazienda en las donde ſe juntã, para la adminiſtracion de ſus oficios, para que cada vno de las juſticias, y oficiales de los ſobredichos puertos embie a mi Conſejo de las Indias particular relacion de lo que ſe huuiere hecho cada año, cerca de lo cõtenido en las dichas ordenanças, con teſtimonio particular deſto, y de como eſtàn pregonadas y publicadas, y ſe cumple ỹ executa lo en ellas contenido, y aſsi ſe puede hazer cargo a las dichas juſticias, y oficiales de ſu deſcuydo, o exceſſo, y ſabeiſe mejor, como ſe cumple y executa lo que de ſuſo ordeno, proueo, y mando.

Y porque ſea a todos mas publico y notorio, de manera, que nadie pueda pretender ignorancia que le eſcuſe y valga, mando, que eſtas dichas ordenanças ſe pregonen primeramente en eſta Corte, en la forma, partes, y lugares acoſtumbrados, y deſpues en la ciudad de Seuilla 31

Que ſe pregonẽ en eſta Corte, en Seuilla, y en Canaria.

uilla en los lugares y forma aſsimiſmo acoſtumbrado: y que para el miſmo efeto, y para todo el de ſuſo conteni- do ſe embien a las dichas Islas de Canaria, y a todos los ſobredichos puertos, para que las juſticias, y oficiales de- llas las hagan pregonar en la miſma forma, y ſolemni- dad, y que eſto miſmo hagan mis Virreyes, Preſidẽtes, y Oydores, de las Audiencias de las dichas Indias, y todos mis Gouernadores dellas cada vno en ſu diſtrito, y que los vnos y los otros embien teſtimonio de como aſsi ſe ouiere cumplido, con la mayor breuedad que fuere poſ- ſible.

32\. *Que todas las vezes q̃ ſe pregonare el deſpacho de las flotas q̃ han de yr a las Indias, ſe tornen a pregonar de nueuo eſtas ordenanças.*

De mas de lo qual aſsi meſmo mando, que todas las vezes que ſe huuiere de pregonar el deſpacho de las flo- tas que han de yr a las Indias, y las que han de venir de- llas a Eſpaña, ſe pregonen de nueuo eſtas dichas ordenã- ças, para que ſabiendo todos mi voluntad, cada vno la guarde y cumpla en lo que le tocare, ſo las penas enellas eſtablecidas, y las mayores que en mi reſeruo.

33 *Ningun miniſtro, ni oficial trate, ni contrate.*

Y para que los miniſtros a cuyo cargo ha de ſer el cuy dado, y obligacion de procurar el cumplimiento deſtas ordenanças puedan proceder cõ entera libertad a la exe cucion y caſtigo de las penas en ella contenidas, ſin que los embarace intereſſe, ni otra eſperança, ni pretenſion; por la preſente prohibo y expreſſamente defiendo al Pre ſidente y juezes, oficiales, y juezes letrados, y otros qua- leſquier oficiales, y miniſtros de la caſa de la Contrata- ciõ de Seuilla, ſin exceptar a ninguno, deſde el dicho Pre ſidente, haſta los mas inferiores juez oficial de la ciudad de Cadiz, y a los de las Islas de Canaria, y a todos ſus mi- niſtros y oficiales, viſitadores de las flotas, y nauios, y a ſus criados, y allegados el poder tratar, ni contratar en Indias, Islas, y Tierrafirme del mar Oceano, ni cargar pa- ra ellas, ni parte alguna dellas, en poca, ni en mucha can- tidad ningun genero de mercaderias, aunque ſean de

la

la cosecha de sus propias haziendas y frutos, ni de sus mugeres, y hijos, ni tener nauio propio, ni barco de los de auiso, ni otro ningun baxel, que nauegue en la carrera de las Indias, ni ser interessado en el por ninguna via, ni tener compañia con mercader ni tratante alguno, por ninguna via ni modo que sea directe, ni indirecte, so pena de que el que en qualquier manera contrauiniere a lo en esta ordenança contenido, ipso facto que le sea aueriguado en visita, ò fuera della, incurra en priuacion perpetua del oficio que siruiere, y en perdimiento de la mitad de sus bienes, aplicados en la forma sobredicha: lo qual se entienda con los juezes oficiales, y juezes Letrados, Fiscal, y juez de Cadiz, y los de las dichas Islas de Canaria porque los demas ministros, qualesquier que sean, demas de las penas sobredichas, es mi voluntad, que seã desterrados del Reyno, por tiempo de diez años, y que en las mismas penas incurra qualquier mercader, maestre, ò señor de nauio, ò otra qualquier persona participe en el trato y compañia. Y en lo que toca à la persona del Presidente, que por tiempo fuere de la dicha casa, si excediere en lo sobredicho, reseruo en mi la determinacion de su castigo, que serà con la demonstracion y exemplo que el caso requiere.

Las quales dichas ordenanças, y todo lo en ellas contenido, es mi voluntad, y mando que se guarde y cumpla segun y de la manera, y so las penas que en ellas se declaran, y quiero que todas y cada vna dellas tengan fuerça de ley, como si fueran hechas y promulgadas en Cortes. Dada en Madrid à diez y siete de Enero de mil y quiniẽtos y nouenta y vn años. YO EL REY. Yo Iuan de Ybarra Secretario del Rey nuestro señor la fize escriuir por su mandado.

PREGON.

Pregonaronse estas ordenanças en la calle mayor de la villa de Madrid, donde se juntan los hombres de negocios, en veyn-

veynte y tres dias del mes de Hebrero de mil y quinientos y nouenta y vno, por ante Iuan Lopez Montero, escriuano.

Assimesmo consta por testimonio signado de Geronimo Vanegas escriuano, residente en la casa de la Contratacion de las Indias de la ciudad de Seuilla, auerse pregonado estas dichas Ordenanças en la calle de las Gradas de la dicha ciudad, a ocho dias del mes de Março del dicho año de mil y quinientos y nouenta y vno.

EL REY.

Lo que se ha de hazer con los nauios q̃ arribaren a qualesquier puertos de las Indias, yendo â otras partes.

MI Gouernador, de la Prouincia de Cartagena, y oficiales de mi hazienda Real della, yo tengo relacion que muchos de los nauios que se han despachado, en la casa de la contratacion de Seuilla, y en Cadiz, y las Islas de Canaria, para essas partes, se han derrotado por particulares fines y aprouechamientos de sus dueños, y no han ydo á las partes para donde fueron despachados, y lleuaron registro, sino à otras, descargandose para ello, con aueriguar, que por tiempos contrarios y necessidades, les fue forçoso yr â ellas, y que desto se han seguido muchos daños, é inconuenientes dignos de remedio. Y, auiendose platicado sobre ello, por que conuiene que de todo punto le tenga, y cessen los dichos daños: y si algunos nauios se derrotaren, no baste la malicia con que se hiziere, para que dexen de yr, ò la hazienda que lleuaren à las partes para donde ouieren sacado registro, os mãdo que en cumplimiento de lo que en este caso os està mandado de aqui adelante quando à essa Prouincia llegare algun nauio, ò nauios destos Reynos, ò de las dichas Islas de Canaria, sino fuere con registro y despachos para ella, los tomeys por perdidos con toda la hazienda que en ellos se lleuare, para mi camara y fisco, no constando muy clara y patentemente que arribaron con tiempo cõ trario

trario,ò necessidad forçosa:y si por la dicha necessidad,ò tiempo contrario arribaren,hareys que luego sin descargar cosa alguna,tornen á salir,y seguir su viage a la parte para donde lleuaren despacho,y registro, haziẽdolos adereçar à costa de los dueños , si tuuieren necessidad de algun adereço,y si arribaren tã mal parados que no se puedan adereçar,y seguir su viage,hareys que toda la haziẽda que lleuaren se saque luego dellos,y se meta por su registro y cuenta y razon en vna casa , y que en ella se tẽga a buen recaudo,y que con toda breuedad se fleten y aderecen el nauio,ò nauios que fueren menester a cuẽta de los dueños de los nauios arribados,ó de la hazienda que lleuaren,y estando fletados,y adereçados la dicha hazienda se saque de la dicha casa,y en ellos se embarque, y lleue enteramente sin que dello se venda cosa alguna,con el dicho registro à la parte para donde se ouiere registrado,y cumplireyslo assi sin remission alguna , aunque en esta Prouincia aya necessidad y demanda de las mercaderias,y cosas que fueren en los dichos nauios,y concurra otra qualquier precisa ocasion, so pena de la mi merced,y priuacion de vuestros oficios,porque assi cõuiene à mi seruicio,y à la contratacion y comercio de essas partes Tambien vereys si en los dichos nauios se lleuan algunas cosas prohibidas,y fuera de registro,y lo que desto hallaredes,tomareys por perdido, aplicãdolo assimesmo à mi Camara,y de lo que en todo sucediere, y se hiziere me dareys siempre auiso,fecha en san Lorenço à tres de Iunio , de mil y quinientos y ochenta y nueue años. YO EL REY. Por mandado del Rey nuestro señor. Iuan de Ybarra. Y señalada del Consejo.

Del tenor de la cedula de arriba se despacharon otras cõ la misma fecha,formas,y señales para los oficiales de la Prouincia de Tierra firme.

Otra para los oficiales de la Isla Española.

Otra

Otra para el Gouernador, y oficiales de la Isla de san Iuan de Puerto Rico.

Otra para el Gouernador, y oficiales de la Prouincia de Veneçuela.

Otra para los oficiales del Rio de la Hacha.

Otra para el Gouernador, y oficiales de la Prouincia de Santa Marta.

Otra para el Gouernador, y oficiales de la Isla de Cuba.

Otra para los oficiales de la ciudad de la Veracruz.

Otra para el Gouernador y oficiales de la Prouincia de Honduras.

EL REY.

Que en los nauios de auiso no se puedā traer mercaderias, oro, ni plata.

MIS Presidente y juezes oficiales de la casa de la Contratacion de Seuilla, ya sabeys como por vn capitulo de las ordenanças de los Generales de las flotas, que se despachan en essa casa para la nueua España, y Tierrafirme, se dispone, que los nauios de auiso que de aquellas partes embiaren los dichos Generales, no traygan oro, ni plata, ni mercaderias algunas, ni otra cosa mas que las cartas, y despachos que se les dieren, so pena de ser perdido lo que asi traxeren, y aplicado, conforme à las dichas ordenanças de essa casa. y que los que lo traxeren, supieren, y permitieren, sean inhabiles para tener oficios en la carrera de las Indias. Y porque soy informado, que sin embargo de lo asi proueydo, los dichos nauios de auiso traen mercaderias, oro, y plata, y dello se han seguido, y siguen muchos daños, è inconuenientes: y conuiene que esto se remedie, os mando, que luego como vieredes esta mi cedula, hagays pregonar en essa casa, y en las gradas de essa ciudad, que lo proueydo y ordenado por el dicho capitulo de las dichas ordenanças, se ha de guardar y cumplir de aquiadelāte, inuiolablemente

en to

en todo y por todo como en el se contiene y declara, y executar las dichas penas en el contenidas: de lo qual tẽdreys cuydado para lo que à vosotros toca, y de auer hecho esta diligẽcia, ordenareys que se tome testimonio, y guardarle heys, y otro tal embiareys à mi Consejo de las Indias. Fecha en San Lorenço à diez de Iunio de mil y quiniẽtos y ochenta y nueue años. YO EL REY. Por mandado del Rey nuestro señor. Iuan de Ybarra. Señalada del Consejo.

EL REY.

Sobre la tercera visita q̃ se ha de hazer a las naos de las flotas.

MIS Presidente, y juezes, oficiales de la casa de la Contratacion de Seuilla, Yo he sido informado que la tercera visita, que conforme a las ordenanças dessa casa se haze a las naos q̃ vã en las flotas, para ver si los Maestres dellas han cumplido con las obras que en la primera visita se les ha ordenado que hagan, y si estan sobrecargadas mandarlas descargar, y sino que no metan mas carga de lo que les conuiene lleuar, conforme a su porte y bondad. y si tienen dentro la artilleria, armas, y municiones, gente, y bastimento, y las demas cosas de respeto que se les mandò tuuiessen, quando se hizo la segunda visita, no se executa como conuendria, porque sin estar cargada la nao, ni tener dentro ninguna cosa de lo que se le mandò en la segunda visita, le hazen la tercera: en tal manera, que si se le mandò en la dicha segunda visita, que metiesse en la nao seys pieças de artilleria, y no tiene mas de vna, declaran los Visitadores en la dicha otra visita, que tiene vna pieça de artilleria, y le mandan, que tome las cinco que le faltan: y lo mismo hazen en lo que toca a las armas, municiones, gente, y cosas de respeto que ha de lleuar: de suerte que esta tercera visita, cuyo

efeto

efeto deue ser executar lo que faltare por cumplir dè lo ordenado en la primera y segunda visita, y no estando cumplido dar por no visitada la nao, no viene a ser de ninguna consideracion, pues dandola, como la dan, por visitada, queda à voluntad del Maestre meter las cosas que le faltan por recebir, ò yrse sin ellas. Y porque no es remedio conueniente remitir lo que faltare de las dichas visitas a la que los Generales han de hazer en la mar, pues alli no se puede proueer de las cosas que se dexan de lleuar, conforme a lo que obligan las ordenanças, y lo que se ha mandado en las tres visitas de tierra, y con castigar alli a los Maestres no se socorre a las necessidades que pueden ocurrir en los viages, y conuiene que estos inconuenientes se remedien, os mando deys orden en que se guarden las dichas ordenanças inuiolablemente haziendose las dichas visitas con todo rigor, y que no se visite de tercera visita ninguna nao, ni se le dè registro faltandole qualquier genero de cosa de las que en la primera, y segunda visita se les huuiere mandado hazer, aunque se aya de quedar, y no hazer el viage: y que hecha la tercera visita en ninguna manera no puedan los Maestres meter en las dichas naos ningun genero de mercancia, ni carga registrada, ni por rēgistrar, ni sacar ninguna cosa de aquellas con que se huuiere visitado la nao: para que desta manera vayan las flotas con la fuerça que se requiere, y no se sobrecarguen las dichas naos. Y porque los dichos Maestres se vayan con tiempo proueyendo de lo necessario, y sepan que no se les ha de dissimular ninguna falta por pequeña que sea, hareys que luego se pregone esta mi cedula en essa casa, y en gradas, y en las demas partes que conuiniere, y que se notifique à los Visitadores, y à los de la Vniuersidad de Maestres, y Pilotos de la carrera de las Indias; y con la execucion de lo en ella

con-

contenido, tendreys muy particular cuenta y cuydado: pues ſeruira de poco hazerſe prouiſiones tan importantes, ſino ſe cumplen preciſa, è inuiolablemente. Y de los dichos pregones, y notificacion me embiareys teſtimonio, y auiſarmeheys de como procedieren en eſto los dichos viſitadores, para que incurriendo en qualquiera falta, diſsimulacion, ò deſcuydo, los mande yo caſtigar con la demonſtracion que ſe requiere. Fecha en ſan Lorenço el Real, a veynte y nueue de Otubre, de mil y quinientos y nouenta años. Y O E L R E Y. Por mandado del Rey nueſtro ſeñor. Iuan de Ybarra.

En eſta conformidad ſe deſpachò otra tal cedula, para el juez oficial, que reſide en la ciudad de Cadiz. Fecha en el Pardo, a ocho de Nouiembre, de 1590. Firmada del Rey nueſtro ſeñor. Refrendada de Iuan de Ybarra, y ſeñalada del Conſejo.

www.ingramcontent.com/pod-product-compliance
Lightning Source LLC
LaVergne TN
LVHW061945220826
846091LV00011B/4081
9781275732568